Kurt Brassy

**Immobilienmakler!
Nein danke?**

Testen Sie Makler und machen Sie es selber besser!

Thomas Peter Weiße

Immobilienmakler! Nein danke?

Testen Sie Makler und machen Sie es selber besser!

Thomas Peter Weiße

Ein Buch aus dem WAGNER VERLAG

Korrektorat: UMP Solutions and Services GmbH
Umschlaggestaltung: Wagner Verlag GmbH
Titelfoto : © auremar - Fotolia.com

1. Auflage

ISBN: 978-3-86279-803-2

Bibliografische Information der Deutschen Nationalbibliothek:
Die Deutsche Nationalbibliothek verzeichnet diese Publikation in der
Deutschen Nationalbibliografie; detaillierte bibliografische Daten sind
im Internet über http://dnb.d-nb.de abrufbar.

Die Rechte für die deutsche Ausgabe liegen beim
Wagner Verlag GmbH,
Langgasse 2, D-63571 Gelnhausen.
© 2013, by Wagner Verlag GmbH, Gelnhausen
Schreiben Sie? Wir suchen Autoren, die gelesen werden wollen.

Über dieses Buch können Sie auf unserer Seite www.wagner-verlag.de
mehr erfahren!
www.wagner-verlag.de/presse.php
www.facebook.com/meinverlag
Neue Bücher kosten überall gleich viel.
Wir verwenden nur FSC-zertifiziertes Papier.

Das Werk ist einschließlich aller seiner Teile urheberrechtlich geschützt. Jede
Verwertung und Vervielfältigung des Werkes ist ohne Zustimmung des Verlages
unzulässig und strafbar. Alle Rechte, auch die des auszugsweisen Nachdrucks und
der Übersetzung, sind vorbehalten! Ohne ausdrückliche schriftliche Erlaubnis des
Verlages darf das Werk, auch nicht Teile daraus, weder reproduziert, übertragen
noch kopiert werden, wie zum Beispiel manuell oder mithilfe elektronischer und
mechanischer Systeme inklusive Fotokopieren, Bandaufzeichnung und
Datenspeicherung. Zuwiderhandlung verpflichtet zu Schadenersatz. Wagner Verlag
ist eine eingetragene Marke.
Alle im Buch enthaltenen Angaben, Ergebnisse usw. wurden vom Autor nach
bestem Wissen erstellt. Sie erfolgen ohne jegliche Verpflichtung oder Garantie des
Verlages. Er übernimmt deshalb keinerlei Verantwortung und Haftung für etwa
vorhandene Unrichtigkeiten.

Druck: Heimdall Verlagsservice, Rheine, info@lettero.de

Inhaltsverzeichnis

Der Autor 8
Für wen ist dieses Buch geschrieben? 8
Eine kurze Einführung in die Welt der Makler 9
   Wie wird man Immobilienmakler? 9
   Wie kommt der Makler zu seinen Kunden? 10
   Wer ist Ihr Makler? 13
   Wie funktionieren Maklerbüros? 14
Die Checkliste zu den wichtigen Eckdaten Ihrer Immobilie .. 18
   Ein paar Hinweise zu den Maklerprovisionen 37
   Das angebliche Netzwerk oder der riesige Suchkundenpool des Maklers 41
Ein paar wertvolle Tipps! 41
   Wie bewerben Sie Ihre Immobilie selbst? 41
   Wie suchen Sie selbst eine Immobilie? 43
   NEIN! So zeigen Sie Ihre Immobilie niemandem! 44
Und noch fünf sehr nützliche, aber nicht ganz seriöse Maklertricks 46
Wie besichtigen Sie die Immobilie mit einem Interessenten? . 48
Die richtige Reaktion auf Versuche, den Preis zu drücken 49
Die finale Abwicklung: Der Interessent will Ihre Immobilie tatsächlich kaufen! 50
Tricks, wie Sie die Courtage sparen können 53
Abschlussbemerkungen 56
   Und zwei wichtige Ratschläge zum Schluss 57
Checkliste 1: „Kaufen oder Mieten" – Die Eigenschaften der Immobilie 59
Checkliste 2: „Verkauf" oder „Kauf" – Welche Unterlagen brauchen Sie? 61
Checkliste 3: „Verkauf" – Das müssen Sie als Verkäufer bedenken! 63
Checkliste 4: „Das müssen Sie als Verkäufer wissen und als Käufer fragen" 64

Der Autor

Der Autor ist studierter Diplom-Verwaltungsbetriebswirt und Diplom-Kaufmann und war jahrelang als Vertriebsleiter für den Immobilienbereich der Deutschen Bahn verantwortlich. Anschließend hat er als Unit Leiter Commercial für Engel & Völkers, Bodensee gearbeitet. Außerdem hat er sich intensiv mit den Strukturen von „RE/MAX" und „von Poll" beschäftigt. Seine Empfehlung ist eindeutig: „Schaffen Sie für sich den Makler ab, denn Sie können es selber besser!"

Für wen ist dieses Buch geschrieben?

Dieses Buch möchte sich nicht mit Vorurteilen gegenüber Maklern auseinandersetzen. Die gibt es zuhauf. Das Buch soll Ihnen helfen, Makler zu durchschauen. Vor allem aber werden Antworten auf die wichtigen Fragen gegeben, wie Sie selbst – ohne Makler – Ihre Immobilie erfolgreich vermieten, verkaufen oder Ihre Wunschimmobilie mieten bzw. kaufen können. Sie sollten auf einen Makler verzichten! Denn ein Makler kostet Geld und verfolgt auch seine eigenen Interessen, die sich nicht immer mit Ihren decken. Dafür bezahlen Sie viel Geld – sei es indirekt durch einen um die Courtage reduzierten Kaufpreis oder direkt durch die hohen Zusatzkosten beim Einzug in eine von einem Makler vermittelte Mietwohnung. Die im Text rot gedruckten Worte sind Spezialbegriffe der Immobilienbranche und werden jeweils erläutert.

Eine kurze Einführung in die Welt der Makler

„Makler sind …"
Wie würden Sie diesen Satz beenden?
Reich, teuer, Wegelagerer, moderne Raubritter etc. ...

Das Prestige der Makler ist nicht hoch. Viele Vorurteile gegen Makler sind unberechtigt, da es durchaus seriös arbeitende Büros gibt, die sich ernsthaft bemühen, für ihre Kunden das Beste am Markt herauszuholen. Die wichtige Frage ist aber: Brauchen Sie überhaupt einen Makler?

Wie wird man Immobilienmakler?

Da der Begriff „Immobilienmakler" kein geschützter Begriff und auch kein Ausbildungsberuf an sich ist, kann jeder, der möchte, den Beruf des Immobilienmaklers ergreifen. Die einzige Voraussetzung hierfür ist, dass er nach § 34c der Gewerbeordnung (GewO) eine Erlaubnis bekommt, diese Tätigkeit auszuüben. Die Erlaubnis wird erteilt, sofern der künftige

Makler mindestens fünf Jahre vor Antragstellung nicht wegen eines Verbrechens wie Veruntreuung, Betrug oder Ähnlichem verurteilt und über sein Vermögen kein Insolvenzverfahren eröffnet wurde oder vor der Eröffnung steht. Zuständig für die Erteilung dieser Erlaubnis ist das Landratsamt, in dessen Zuständigkeitsbereich der Makler sein Büro eröffnen möchte. Eine besondere fachliche Qualifikation ist also nicht nötig. Das Zertifikat erlaubt es ihm auf der einen Seite, Verträge für Wohnungen, Häuser, grundstücksgleiche Rechte und gewerbliche Räume zu vermitteln, und gibt andererseits den potentiellen Handelspartnern (also Vermietern, Verkäufern, Mietern und Käufern) zumindest die Sicherheit, dass der Makler in strafrechtlicher Hinsicht vertrauenswürdig ist.

Wie kommt der Makler zu seinen Kunden?

Die Direktansprache oder Kaltakquise:
Für Sie völlig überraschend – bei der Direktansprache oder Kaltakquise nutzt der Makler bewusst den Überraschungsef-

fekt. Er nimmt dabei unangekündigt Kontakt zu Immobilieneigentümern auf, die ihre Immobilie aktuell entweder bereits selbst vermarkten oder ein anderes Maklerbüro mit deren Vermarktung beauftragt haben. Die Kontaktaufnahme erfolgt meist per Telefon. Dem Eigentümer werden in dem Gespräch dann meist Fragen nach dem bisherigen Erfolg der Vermarktung gestellt und oft auch ein „interessierter" Kunde präsentiert. „Unser Kunde XY sucht eine Immobilie, die genau Ihrer entspricht." – „Er möchte sehr kurzfristig kaufen." – „Ich würde mir Ihre Immobilie zunächst gern alleine ansehen, um auch ganz sicher zu sein, dass es wirklich das Richtige für meinen Kunden ist." So oder so ähnlich wird Ihnen der „weiße Ritter" präsentiert, der genau Ihre Immobilie – natürlich zu Ihrem Wunschpreis – kaufen möchte.

Wie trennen Sie hier die Spreu vom Weizen und womit entlarven Sie den Makler?
Gehen Sie den Aussagen des Immobilienmaklers auf den Grund, indem Sie nachfragen! „Wie heißt der Kunde?" Sie möchten gern direkt mit ihm sprechen. „Wo wohnt er bisher?" „Wie wohnt er heute?" „Warum möchte er umziehen?" „Warum diese Immobilie?" „Wann will er einziehen?" Und wenn das alles bisher scheinbar plausibel beantwortet wurde, verlangen Sie eine Finanzierungsbestätigung bzw. einen Eigenkapitalnachweis des Interessenten, bevor Sie dem Makler Ihre Tür öffnen.

Vergessen Sie nie: Der Makler spielt mit Ihnen und Ihren Gefühlen. Sie wollen verkaufen, und er will Ihre Immobilie – davon und nur davon lebt er. Durch Ihr gezieltes Nachfragen trennen Sie die Spreu vom Weizen. Zögert er bei seinen Antworten, wissen Sie, dass er lügt. Vorsicht ist ebenso geboten bei Argumenten, die vermeintlich die Identität des potentiellen

Interessenten schützen und die gleichzeitig die Seriosität des Maklers betonen sollen, wie Datenschutz, Diskretion etc. Bieten Sie von sich aus an, einen Vermittlungsnachweis zu unterschreiben, der dem Makler seine Courtage sichert, sofern sein Kunde innerhalb von zwei Wochen tatsächlich zu dem von Ihnen gewünschten Preis kauft. Angeblich ist er ja hoch interessiert, sodass dies sicher keinerlei Schwierigkeit darstellt. Geht der Makler darauf nicht ein, ist das für Sie die sichere Bestätigung dafür, dass der Makler einfach nur sein Vermarktungsportfolio mit Ihrer Immobilie vergrößern und einen Konkurrenten aus dem Feld schlagen will.

Fragen Sie außerdem nach Referenzen Ihres Maklers: Was haben Sie von wem zuletzt verkauft? Was haben Sie über drei Monate/sechs Monate oder noch länger in der Vermarktung und warum? Lassen Sie sich die Kontaktdaten der Verkäufer/Käufer geben. Interessant sind vor allem Gespräche mit den Kunden des Maklers, die bereits länger erfolglos über ihn verkaufen wollen.

Bleiben Sie kritisch, denn für Ihre Immobilie gibt es keine zweite Chance. Einmal beworben, ist Ihre Immobilie für sehr lange Zeit am Markt bekannt – für einen anderen Preis oder eine günstigere Darstellung ist kein Platz mehr. Es gibt nur diese eine erste Chance, um ein Optimum für Ihre Immobilie am Markt zu erzielen. Der erste Marktauftritt muss sitzen! Machen Sie dies entweder selber, oder suchen Sie sich einen Partner für die Vermarktung, dem Sie wirklich vertrauen können.

Wer ist Ihr Makler?

Fragen Sie unbedingt nach der formalen Qualifikation Ihres Maklers. Nur allzu oft sind Makler – die Berufsbezeichnung ist in Deutschland nicht geschützt – beruflich anderweitig „Gescheiterte". Sie finden dort ehemalige Berufssoldaten ebenso wie gefeuerte Sozialarbeiter oder Nebenerwerbshausfrauen. Ein Makler sollte zumindest über einen soliden kaufmännischen Hintergrund verfügen.

Haben Sie Zweifel an seiner Qualifikation, sprechen Sie dies offen an – und beobachten Sie die Reaktion. Sie wollen ihm schließlich einen großen Teil Ihres schwer erarbeiteten Vermögens anvertrauen!

Wie funktionieren Maklerbüros?

Ihr Gesprächspartner – Angestellte bei Sparkassen und Versicherungen oftmals ausgenommen – ist in den allermeisten Fällen ein freier Immobilienberater. Das heißt nichts anderes, als dass er nur von Provisionen lebt. Daher stehen die meisten Makler unter einem enormen Erfolgsdruck! Kein Verkauf oder keine Vermietung bedeuten kein Einkommen. Daher geben viele auch nach kürzester Zeit wieder auf.

Fragen Sie nach: Wie lange sind Sie schon in diesem Büro beschäftigt? Wie sind Sie ausgebildet? Wenn Sie unbedingt einen Makler nutzen wollen, sollte dieser hervorragend qualifiziert sein – die Mindestqualifikation ist ein Abschluss als Immobilienfachwirt. Besser noch: Ihr Gegenüber ist Immobiliensachverständiger. Immobilienberater in Banken haben den Vorteil einer Festanstellung – sie sind nicht ausschließlich erfolgsgetrieben um jeden Preis und können Interessenten für Ihre Immobilie auch bei Finanzierungsfragen behilflich sein. Das ist ein oft entscheidender Punkt beim Immobilienerwerb: Die Bank kennt den Marktwert der Immobilie und steht dafür auch gerade und kann diese daher auch leichter beleihen.

Warum kann die Frage des Erfolgsdrucks für Sie und Ihre Immobilie entscheidend sein?
Nehmen wir an, Sie haben mit dem Makler vereinbart, dass Ihre Immobilie für 200.000 EUR verkauft werden soll. Sie haben mit ihm eine Provision von 3 % zzgl. MwSt. vereinbart, die Sie an den Makler zahlen – ebenso zahlt der Käufer 3 % zzgl. MwSt. an den Makler.

Bei einem Preis von 200.000 EUR erhielte der Makler insgesamt 12.000 EUR zzgl. MwSt. Scheut der Makler viel Aufwand und will schnell Geld verdienen, ist er sicher bereit, die Immobilie auch für 170.000 EUR loszuschlagen – Sie kostet das 30.000 EUR, ihn aber nur 1.800 EUR (zzgl. MwSt.), weil er statt 12.000 EUR nur 10.800 EUR erhält. Sie erkennen: Im Zweifel wird der Makler eher preisnachgiebig sein – und sich nebenbei einiges an Aufwand für Inserate in Zeitungen, in den gängigen Immobilienportalen und an Besichtigungen vor Ort ersparen.

Begründen kann er Ihnen gegenüber den niedrigeren Preis immer: „Der Markt ist im Moment schwieriger als angenommen"; „der Käufer nimmt viel an Umbauaufwand auf sich" etc.

Bedenken Sie: Wem wollen Sie ihr wichtigstes und wertvollstes Vermögen anvertrauen? Und wem trauen Sie zu, dass er dafür den besten Preis erzielt?

 Vergleichen Sie und lassen Sie sich bei der Auswahl Ihres Maklers Zeit! Und bitte überlegen Sie noch einmal gründlich, ob nicht *Sie selbst die allerbeste Wahl* sind!

Wie wird der Marktpreis für Ihre Immobilie gebildet?

Die Einwertung: Damit ist die Bewertung Ihrer Immobilie gemeint – oft suggeriert der Makler Ihnen, dass der richtige Marktpreis für Ihre Immobilie in einer *Experten*runde ermittelt und festgelegt wird. Das Ergebnis der Einwertung wird Ihnen dann – meist in den Räumen des Maklers – präsentiert. Wer diese angeblichen „Experten" sind, haben Sie ja oben schon erfahren.

Wie wird der Preis gebildet?
Zunächst wird der reine Grundstückswert ermittelt – Grundlage bildet die Bodenrichtwertkarte. Diese Bodenrichtwertkarte erhalten Sie bei Ihrer Gemeinde und oft auch im Internet. In ihr sind oft straßengenau die aktuellen Grundstückspreise je Quadratmeter vermerkt. Auf dieser Grundlage ermitteln Sie

den Grundstückswert für Ihre Immobilie. Bei einer Eigentumswohnung berücksichtigen Sie den auf die Wohnung entfallenden Grundstücksanteil, wie er in der Teilungserklärung festgelegt ist. Abschläge gibt es für Hanglagen (bis zu 30 %) und Einträge in Abteilung II des Grundbuchs. In dieser Grundbuchabteilung sind ggf. Mitbestimmungsrechte, Vorkaufsrechte, Wohnrechte, Wegerechte zugunsten Dritter, Leitungsrechte u. v. m. aufgenommen. In der Regel müssen diese – ausgenommen Vorkaufsrechte – vom neuen Eigentümer übernommen werden. Besorgen Sie sich einen aktuellen Auszug des Grundbuchs für Ihre Wohnung/Ihr Haus. Sie erhalten ihn beim Grundbuchamt der Gemeinde oder dem zuständigen Notariat.

Vereinfacht gesagt gilt: Jeder Eintrag in Abteilung II des Grundbuchs reduziert den Wert der Immobilie.

Hinzu kommt dann der reine Erstellungswert für ein Gebäude. Man kalkuliert dabei im Durchschnitt 1.500 EUR/m² – je Quadratmeter Wohnfläche. Auch hier gibt es Ab- und Zuschläge für die Ausstattung und den aktuellen Erhaltungszustand (Neubau, Renovierung bzw. Instandhaltungsbedarf etc.). Bei Eigentumswohnungen bleiben bei dieser Rechnung die Verkehrs- und Gemeinschaftsflächen unberücksichtigt.

Aus der Summe von Bodenrichtwert und Erstellungswert wird der Sachwert Ihrer Immobilie ermittelt.

Dieser wird gegen den Marktwert geprüft. Dazu werden Immobilienangebote in der regionalen Presse oder im Internet mit Ihrem Objekt verglichen. Dazu geben Sie z. B. in *Immobilienscout24* oder *Immowelt* die Kriterien (Baujahr, Lage, Größe, Ausstattung, Garagenplätze etc.) Ihrer Immobilie ein, und Sie erhalten sofort eine Liste mit vergleichbaren Objekten, also Immobilien, die – zumindest hinsichtlich wichtiger Kriterien – der Ihren entsprechen. Je mehr Vergleichsobjekte Sie haben, desto besser, denn umso sicherer werden Sie bei der Preisfestsetzung sein.

Gibt es keinerlei Vergleichsobjekte, beschränken Sie sich auf den Sachwert (Summe aus Boden- und Erstellungswert der Immobilie). Nach diesem Schema arbeiten alle Maklerbüros.

Die Checkliste zu den wichtigen Eckdaten Ihrer Immobilie

Besorgen Sie sich beim Grundbuchamt zunächst einen aktuellen Grundbuchauszug für Ihre Immobilie. Als Eigentümer haben Sie ein berechtigtes Interesse – nehmen Sie also am besten

Ihren Personalausweis und den Kaufvertrag mit, um Ihre Eigentümerschaft nachzuweisen. Die Kosten liegen bei etwa 10 EUR. Im Grundbuchauszug finden Sie die Größenangabe Ihres Grundstücks (Rubrum bzw. Abteilung I), in Abteilung II mögliche Belastungen und in Abteilung III zugunsten der finanzierenden Banken eingetragene Grundschulden für frühere oder laufende Finanzierungen. Haben Sie bei der Bank keine Schulden mehr, sollten Sie dort die Löschung dieser Grundschuld beantragen.

1. Die Eigenschaften Ihrer Immobilie als wichtige Orientierung für die Preisfindung

Das Baujahr

Es gibt Baujahre, die einen versierten Interessenten aufhorchen lassen:

- Die späten Vierziger und frühen Fünfziger: Baumaterialien und Geld waren in den Kriegs- und Nachkriegsjahren knapp – so schmuck das Häuschen auch aussicht: Die Wände sind eher dünn, die Materialien eher minderwertig.
- Die Siebziger und frühen Achtziger sind oft durch giftige Holzschutzanstriche und lungengängige Isoliermaterialien geprägt. Belastete Baumaterialien oder die Stoffe selbst müssen durch Spezialfirmen teuer entsorgt und deponiert werden
- Die Sechziger bis späten Achtziger: Asbest! Seit 1993 ist Asbest in Deutschland verboten. Der Grund: Die eingeatmeten Fasern können Lungenkrebs verursachen. In den Jahrzehnten davor sind hierzulande Millionen Tonnen asbesthaltiger Materialien verbaut

worden. Ein Großteil davon steckt auch heute noch in Dach- und Fassadenplatten oder verbirgt sich irgendwo in den Isolierungen der Gebäuden

Der ehemalige Kaufpreis
Der ehemalige Kaufpreis kann eine Orientierungsgröße bilden, wenn Sie Ihre Immobilie „auf Stand der Zeit" gehalten haben. Dann können Sie die Wertzuwächse (z. B. mit Hilfe des Baukostenindex) auf den Kaufpreis Ihrer Immobilie anrechnen. Baupreisindizes spiegeln die Entwicklung der Preise für den Neubau und die Instandhaltung von Bauwerken wider und werden vom statistischen Bundesamt jährlich veröffentlicht. Der Preisindex für den Neubau konventionell gefertigter Wohngebäude (Bauleistungen am Bauwerk einschließlich Umsatzsteuer) in Deutschland stieg z. B. im August 2012 gegenüber August 2011 um 2,5 %.

Wenn Ihr Wohnhaus aus 2002 stammt, Sie damals 150.000 EUR für den Bau bezahlt haben und der Baukostenindex in der Zeit von 2002 bis 2012 um insgesamt *13,5* gestiegen ist, liegt der zeitgerechte Herstellungswert bei 150.000 EUR x 1,*135* = 170.250 EUR. Hinzu kommt noch der aktuelle Grundstückswert nach Bodenrichtwertkarte – diesen haben Sie oben schon kennengelernt.

Die Größe der Wohneinheit – bei Mehrfamilienhäusern und Eigentumswohnungen
Sehr große Wohneinheiten sind verwaltungs- und daher kostenintensiv. Außerdem sind Instandhaltungen teuer – riesige Fassaden- und Dachflächen, große Verkehrsflächen wie Flure etc. Große Wohneinheiten bergen außerdem stärker das Risiko

des „broken window", des „zerbrochenen Fensters", wie es in Amerika genannt wird. Gemeint ist die Verwahrlosung von Gebäuden, die mit der ersten zerbrochenen und nicht ersetzten Fensterscheibe beginnt. Dieses „broken window" kann auch ein kaputter Briefkasten, eine seit Langem defekte Glühbirne im Hauseingang oder Graffiti sein. Immobilien, die dieser Verwahrlosungsspirale unterliegen, sind kaum mehr zu handeln und wenn, dann zu Preisen, die deutlich unter dem ursprünglichen Wert liegen. Dieser Effekt des „trading down" führt – wird er nicht rechtzeitig gestoppt und umgekehrt – zu einer nachhaltigen Vernichtung Ihres Vermögens!

Beginnt der Verfall, verkaufen Sie schnell, und geben Sie beim Preis lieber nach! Umgekehrt ist der Rat hier eindeutig: Nicht kaufen!

Eine Investition in eine kranke Immobilie hat auch schon manchen Prominenten in den Ruin getrieben. Denn was steigt, sind die monatlichen Aufwendungen aus Rücklagen, Instand-

haltungen, Hausmeisterleistungen usw., da Vandalismus zunehmend Platz greift und deshalb im Weiteren eine Klientel in das Haus einzieht, die diesen Effekt noch fördert. Danach folgt der teilweise Leerstand von Wohnungen – bis hin zur vollständigen Aufgabe der Anlage.

Ein hohes monatliches Hausgeld und geringe Rücklagen sind ein sicherer Indikator für eine kranke Immobilie. Normal sind monatliche Kosten von maximal 2 EUR/m² für Hausmeister, Verwaltung, Rücklage und Instandhaltung!

Wie erkennen Sie eine kranke Immobilie?

Betrachten Sie den Zustand der Fassade, der Fenster und der Eingangstüren. Gehen Sie durch alle Gemeinschaftsflächen und Flure – diese sollten frei von Schmierereien und Beschädigungen sein. Grünflächen müssen gepflegt sein, der Keller und die Tiefgarage haben keine Nässeflecken, die Bodenbeläge sind intakt. Die Briefkastenanlage ist sauber, und die Schilder sind einheitlich beschriftet. In den Fluren stehen weder Schuhe noch Möbel oder Müll herum. Die Balkone sind aufgeräumt.

Stellen Sie bei Ihrem Rundgang Defizite fest, möchte ich Ihnen dringend von einem finanziellen Engagement abraten.

Besonderheiten

Gibt es für Ihre Immobilie Denkmalschutzauflagen oder behördliche Auflagen, wie z. B. Einschränkungen der Nutzung/der Bebauung?

Sind aktuell Baumaßnahmen in der direkten Umgebung geplant, und wie wirken diese auf Ihre Immobilie?

- Ein Supermarktneubau in der Nähe eines Einfamilienhauses wirkt z. B. allein schon wegen des zu erwartenden Lieferanten- und Kundenverkehrs eher wertmindernd auf den Preis,
- der Abriss einer leer stehenden Fabrik und die Umwandlung in einen Park dagegen sicher preissteigernd.

Die Größe des Grundstücks und die Möglichkeiten einer zusätzlichen Bebauung

- Die Größe des Grundstücks erfahren Sie aus dem Grundbuch, und
- zu den Möglichkeiten der Bebauung oder evtl. Einschränkungen der Nutzung sollten Sie beim Bauamt nachfragen und Einsicht in den Bebauungsplan nehmen.

Eine schöne und unverbaubare Aussicht

Die Aussicht ist ein wertsteigerndes Element – wichtig ist, dass diese auch dauerhaft gesichert ist und Sie diese nicht durch Bepflanzung Ihres Grundstücks oder durch blickdichte Vorhänge für den Interessenten unsichtbar gemacht haben. Zu Baumaßnahmen in Ihrer direkten Umgebung werden Sie von den Baubehörden als Beteiligter gehört. Daher kennen Sie den aktuellen Stand der laufenden Planungen. Ist Ihnen nichts bekannt, gilt der Status quo. Je schöner die Aussicht, desto höher der Preis – denn der Blick auf einen See, die Alpen etc. ist ein Alleinstellungsmerkmal Ihrer Immobilie und kann den Preis am Markt verdoppeln.

Die Größe der Wohn- und Nutzfläche
Es gibt Mindest- oder Normgrößen für Wohnungen und Häuser:

100-120 m²	sind als Wohnfläche die absolute Untergrenze für ein Haus
30-40 m²	passen für ein Ein-Zimmer-Appartement
50 m²	sind das untere Maß für eine Zwei-Zimmer-Wohnung
80 m²	gelten als Untergrenze für eine Drei-Zimmer-Wohnung

Die Größe der einzelnen Räume – ausgenommen Bad und Toilette – sollte dabei mindestens 10 m² betragen. Ab einer Drei-Zimmer-Wohnung wird zusätzlich erwartet, dass es eine separate Gästetoilette gibt. Ein Kellerabteil muss außerdem ebenso vorhanden sein wie mindestens ein PKW-Stellplatz!

Nehmen Sie diese groben Orientierungsgrößen als Anhaltspunkt, und vergleichen Sie diese mit Ihrer Immobilie. Je näher Sie am Standard sind, desto besser.

Eine Abweichung nach oben ist ein Preisplus für Ihr Objekt. Abweichungen nach unten führen zu einer Preissenkung!

Stellplätze/Garagenplätze

Stellplätze gehören zu einer Immobilie und müssen in passender Zahl vorhanden sein. Das Auto ist der Deutschen liebstes Kind. Oft verzichten Interessenten auf ein großes Kinderzimmer zugunsten einer Garage. In Städten und dicht besiedelten Gebieten sind eine eigene Garage oder ein Stellplatz ein deutliches Wertplus und mit mindestens 5.000 EUR/10.000 EUR je Stellplatz/Garagenstellplatz zu veranschlagen.

Ein Balkon, eine Terrasse oder ein Gartenanteil

Ein Balkon, Garten oder Gartenanteil ist ein Muss für eine werthaltige Immobilie. Die Größe sollte so sein, dass zumindest ein Tisch mit Stühlen Platz findet. Fehlt ein solcher Freisitz oder ist seine Nutzung z. B. wegen Ausrichtung auf eine stark befahrene Straße nahezu unmöglich, müssen Sie den Preis für Ihre Immobilie um mindestens 10 % senken.

Wichtige durchgeführte Instandhaltungen
Ein neues Dach, eine neue Heizung, ein neues Bad, die energetische Sanierung der Fassade etc. steigern den Wert Ihrer Immobilie. Bitte notieren Sie diese Instandhaltungsmaßnahmen sorgfältig, und halten Sie die Rechnungen bereit. Ist alles tipptopp und in zeitgemäßer Anmutung, können Sie den Preis wie bei einem Neubaustandard ansetzen.

Ist die Ausstattung und Anmutung noch zeitgemäß?

Achten Sie auf die Farben und Materialien aller Ausstattungsgegenstände – dunkle Holztüren und Bäder in Blümchenmuster sind ebenso wenig zeitgemäß wie Teppichböden in Schlingenware oder mit auffälligen Mustern. Der Interessent muss hier investieren, was Sie bei der Kalkulation des Verkaufspreises mit berücksichtigen müssen.

Ist die Raumaufteilung der Immobilie zeitgemäß?

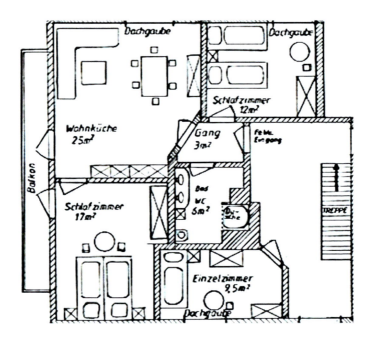

Hier gilt das Gleiche wie bei Ausstattung und Anmutung. Muss der Interessent investieren, müssen Sie das bei der Preisfestsetzung berücksichtigen.

Die Lage und die Ausrichtung des Grundstücks
Wie ist das Grundstück von der Himmelsrichtung her ausgerichtet?

Nordlagen fürs Wohn- und Esszimmer bzw. den Balkon oder Garten sind tabu. Gibt es – ggf. im Winter durch den niedrigeren Sonnenlauf noch verstärkt – maßgebliche Beschattungen durch Nachbargebäude, ist dies als Nachteil der Immobilie zu werten.

- Sackgassen und Eckgrundstücke sind wertvoller als Mittelgrundstücke, da diese natürlich verkehrsberuhigt sind.
- Spielstraßen dagegen sind Segen und Fluch: Sind die eigenen Kinder klein, ist man froh, dass der Nachwuchs sich direkt vor dem Haus austoben kann; sind die Kinder aus dem Haus, sehnt man Regen oder Dunkelheit herbei, dass endlich Ruhe einkehrt.

Die Bebauung in der Umgebung

Je hochwertiger und harmonischer die Umgebung, je begrünter die Grundstücke, umso besser ist das für den Preis. Umgekehrt gilt aber leider auch: Ist ein Schandfleck in Ihrer Umgebung, z. B. ein verfallenes Haus mit verwahrlostem Garten, drückt das den Preis erheblich.

Befinden sich Schulen, Spielplätze und Einkaufsmöglichkeiten in der Nähe?
- Leider gilt hier das Floriansprinzip: Solange die eigenen Kinder klein sind, will jeder den Kindergarten oder die Schule vor der Türe; sind diese aus dem Haus, stört der Lärm in den Pausen und der Verkehr der Eltern, die ihren Nachwuchs abliefern oder abholen.
- Ähnlich ist es bei Supermärkten in der direkten Umgebung. Die kurzen Wege sind natürlich ideal, aber der Kunden- und Lieferverkehr ist eine Plage.

Es gilt: Jeder will solche Einrichtungen in gut erreichbarer Nähe, aber keiner will direkt in deren Umgebung wohnen.

Gibt es Beeinträchtigungen der Wohnqualität durch Emissionen?

Wichtige Emissionen sind:
- Lärm durch Schulen, Kindergärten, Tennisplätze, Gaststätten, Straßen, Bahnlinien oder Flugkorridore etc.
- Geruchsbelästigungen durch Brauereien, Landwirtschaft, den Imbiss in der Nähe etc.

Gibt es tatsächlich wahrnehmbare Emissionen, müssen Sie mit deutlichen Abschlägen kalkulieren.

Ist Ihr Grundstück möglicherweise kontaminiert?

Muss mit Ablagerungen (ehemalige Autowerkstatt, chemische Fabrik, Schreinerei etc. auf dem Grundstück) gerechnet werden? In den Gemeinden gibt es Karten mit sogenannten Verdachtsflächen. Haben Sie das Pech, solch ein Grundstück zu besitzen, müssen Sie ein Bodengrundgutachten erstellen lassen, um die Schwere der Kontamination zu erkennen und die entsprechenden Sanierungsaufwände zu kalkulieren.

Wird Ihnen ein solches Grundstück zum Kauf angeboten, prüfen Sie die Entsorgungskosten sehr sorgfältig: Ab Kontaminierungsstufe Z 3 darf das ausgebaute Erdreich nicht mehr verwendet werden und muss auf Sonderdeponien entsorgt werden.

Wie ist die Erschließung mit öffentlichen Verkehrsmitteln?

Befindet sich eine entsprechende Infrastruktur (Bushaltestelle, Bahnhof) in fußläufiger Entfernung (maximal ca. 10 Minuten), wirkt das wertsteigernd, da die Bewohner kurze Wege haben und viel ohne PKW erledigen können.

Ist die Immobilie barrierefrei?

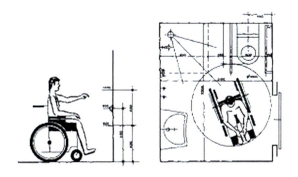

Die Barrierefreiheit der Wohnung/des Hauses (Größe des Bades, Aufzug, Rampen statt Stufen, Breite der Türen) spielt eine immer größere Rolle, da die Bevölkerung immer älter und gebrechlicher wird.

Die erzielbare Miete – als Grundlage für eine grobe Renditerechnung
Diese Renditerechnung sieht in der einfachsten Form wie folgt aus:
[(Nettokaltmiete pro Monat x 12 geteilt durch den Kaufpreis) x 100 %]

Bei den aktuell niedrigen Kreditzinsen ist alles gut zu handeln, was bei mindestens 4 % Rendite liegt.

2. Wie ist der Markt für Ihre Immobilie?

Wollen Menschen heute hier und so wohnen?
Gibt es vergleichbare Immobilien, die im Moment gehandelt oder in letzter Zeit verkauft wurden? Zu welchem Preis?

3. Besonderheiten der Immobilie

Prominenter Vorbesitz, ein alter Baumbestand, eine eigene Quelle oder Ähnliches wirken wertsteigernd, und geben Ihnen bei der Preisbildung Chancen nach oben.

Stand die Immobilie schon einmal zum Verkauf? Ist dies der Fall, müssen Sie bei der weiteren Vermarktung darauf achten, dass kein Ladenhütereindruck entsteht.

4. Ihr Mindestverkaufspreis

An Hand der Kriterien 1 – 3 gewinnen Sie eine sichere Einschätzung für den erzielbaren Preis. Bei der Preisbildung müssen Sie beachten, dass Sie beim Verkauf mit Verhandlungsabschlägen von 5 bis 10 % rechnen müssen.

Wie schnell wollen oder müssen Sie verkaufen?
Je weniger Zeit Sie haben, desto mehr müssen Sie beim Preis nachlassen.

Ein Beispiel:

Einfamilienhaus – Baujahr 1923/kernsaniert 2000
Wohnfläche   :   180 m²
Nutzfläche   :   70 m²
Gewölbekeller – teilunterkellert
Einzelgarage mit Keller und Dachterrasse
Grundstück   :   567 m²
Ausstattung   : Parkett und Fiesen in allen Räumen
Das Dachgeschoss ist mit DIN-Wohnfläche ca. 80 m² zusätzlich ausbaubar (Isolierung und Dachflächenfenster bereits vorhanden).
Ölzentralheizung
kein Sanierungsrückstau
schön eingewachsenes Grundstück

Preisbildung

Bodenrichtwert: 147 EUR/m² x 576 m² = 84.672 EUR
Gebäude: 1500 EUR/m² x 180 m²   = 270.000 EUR
<u>Ausbaureserve als Besonderheit: = 20.000 EUR</u>
Preis   = 374.672 EUR

Um einen gewissen Verhandlungsspielraum zu haben, ergibt sich ein Start-**Verkaufspreis von 380.000 EUR** für dieses Haus. Sichern Sie diesen Preis durch Internet- und Zeitungsrecherchen ab, und justieren Sie ggf. nach.

Wofür gibt es bei einer Immobilie deutliche Abschläge?

- kein Keller (insbesondere südlich der Mainlinie)
- Mängel am Gebäude (Dach undicht, Fenster sind defekt)
- keine Sonne auf dem Grundstück/in der Wohnung

Hier müssen Sie beim Grundstücks- bzw. Gebäudewert mit mindestens 50 % Abschlag kalkulieren.

Welche Maklerauftäge gibt es und was bedeuten diese?

Der qualifizierte Alleinauftrag: Den wollen alle Makler und haben dafür scheinbar gute Argumente. Darin ist festgelegt, wie lange – meist wird ein Jahr angestrebt – dieser und nur dieser Makler Ihre Immobilie vermarkten darf. Auch Sie selbst dürfen nicht ohne Provisionszahlung an den Makler verkaufen, sogar wenn Sie den Kunden für Ihre Immobilie selbst gefunden haben. Empfehlung: Machen Sie das bitte nie!

Der Alleinauftrag: Der ist so ähnlich wie der qualifizierte Alleinauftrag, allerdings dürfen Sie selber verkaufen, ohne dass Sie dem Makler etwas schulden. Das muss aber ausdrücklich vereinbart werden. Der Makler ist sonst Ihr einziger Vertriebspartner. Sie sind ihm für den vereinbarten Zeitraum auf Gedeih und Verderb ausgeliefert.

Der Vermarktungsauftrag: Hier hat kein Makler den Exklusivauftrag. Sie haben mehreren Maklern den Auftrag erteilt, Ihre Immobilie zu veräußern, und schulden dem Makler die Provision – sofern Sie als Verkäufer oder Vermieter provisionspflichtig sind –, der Ihnen den Kunden gebracht hat. Was verlockend klingt, hat einen großen Pferdefuß. Sie verramschen Ihre Immobilie und machen sie im schlimmsten Fall zum Ladenhüter. Viele bieten diese nämlich – nicht einmal immer zu den gleichen Konditionen und mit den gleichen Eckdaten – auf den unterschiedlichsten Portalen an. Das ist wie ein Ausverkauf und hat genau diese Folge auf den Marktwert Ihrer Immobilie.

Der Nachweis: Meines Erachtens ist dies die eleganteste Form, sich von einem Makler unterstützen zu lassen. Hat er einen Kunden für Ihre Immobilie, weist er Ihnen diesen – unbedingt in schriftlicher Form – nach. Die Vermarktung bleibt in Ihrer Hand, und wenn Sie eine Verkäufer- bzw. Vermieterprovision vereinbart haben, zahlen Sie diese im Erfolgsfall an den Makler aus, d. h. der Mietvertrag ist unterschrieben bzw. der Notartermin hat stattgefunden.

Ein paar Hinweise zu den Maklerprovisionen

Die **Maklerprovision** – auch Courtage – beträgt bei Mietwohnungen und -häusern maximal zwei Monatsmieten zuzüglich 19 % Mehrwertsteuer. Diese Obergrenze ist gesetzlich vorgeschrieben und darf nicht überschritten werden. Bei einem Verkauf liegt die Courtage üblicherweise zwischen 3 bis 6 % des Verkaufswertes zuzüglich 19 % Mehrwertsteuer. Man unterscheidet grundsätzlich zwei Provisionsarten: die Innen- und die Außenprovision.

Die Innenprovision ist zwischen dem Eigentümer bzw. dem Vermieter und dem Makler vereinbart. Sie beträgt regelmäßig 3 bis 6 % der Verkaufssumme (zzgl. MwSt.) bzw. 1 bis 2 Monatsnettokaltmieten (ebenfalls zzgl. MwSt.). Sie wird auch als Verkäufer- bzw. Vermieterprovision bezeichnet – dabei benannt nach dem, der zahlt.

Die Außenprovision zahlt der Käufer bzw. Mieter. Oft wird diese mit dem Interessenten bei der Besichtigung oder – indirekt vorher – mit Zusendung der Objektunterlagen vereinbart. „Der Makler weist darauf hin, dass der Käufer bzw. Mieter diesem im Erfolgsfall eine Provision in Höhe von … schuldet."

Achten Sie bei Besichtigungsbestätigungen – oft verlangt der Makler, dass Sie diese vor, während bzw. nach der Besichtigung unterschreiben – auch auf den Hinweis zur Provisionspflicht. Nichts spricht übrigens dagegen, diese Bestätigung nicht zu unterschreiben, außer das böse Gesicht des Maklers. Die Außenprovision wird auch als Käufer- bzw. Mieterprovision bezeichnet. Sie bewegt sich in der gleichen Höhe wie die Innenprovision. In der Regel sind das 3 % (zzgl. MwSt.) beim Kauf und bis zu 3 Monatsnettokaltmieten (zzgl. MwSt.) bei Anmietung des Objekts.

Die Nachweistätigkeit des Maklers besteht in einer Informationserteilung an den Auftraggeber, die es diesem ermöglicht, in konkrete Verhandlungen über den Kauf/Verkauf bzw. die Anmietung/Vermietung mit dem Interessenten einzutreten. Dazu muss der Makler das konkrete Objekt sowie Namen und Anschrift des abschlussbereiten Vertragspartners benennen. Der einfache Hinweis auf das Objekt ohne namentliche Benennung des künftigen Vertragspartners genügt nicht zur Erfüllung der Nachweistätigkeit (BGH NJW 1987, 1628 und KG MDR 2000, 23) und damit zum Entstehen der Provisionspflicht.

Wann entsteht ein Provisionsanspruch für den Makler?

Die Voraussetzungen für das Entstehen des Provisionsanspruchs finden sich in § 652 BGB. Danach ist zur Entrichtung der Provision verpflichtet, wer für den Nachweis der Gelegenheit zum Abschluss eines Vertrags oder für die Vermittlung eines Vertrags eine Maklerprovision verspricht, wenn der Vertrag infolge des Nachweises oder infolge der Vermittlung des Maklers zustande kommt.

Damit gibt es vier Voraussetzungen für das Entstehen des Provisionsanspruchs, nämlich:
1. Es muss ein Maklervertrag abgeschlossen worden sein.
2. Der Makler muss seine Vermittlungstätigkeit nachweisen.
3. Es wurde ein wirksamer Vertrag zur Immobilie abgeschlossen:
    - entweder ein Mietvertrag oder
    - ein notariell beurkundeter Kaufvertrag.

4. Die Maklertätigkeit war ursächlich für das Zustandekommen dieses Vertrags.

Es ist immer und ausschließlich Sache des Maklers, klare Verhältnisse zu schaffen. Alle Unklarheiten gehen zu seinen Lasten (BGH NJW 1984, 232). Aus diesem Grund ist z. B. eine Zeitungsanzeige mit dem Hinweis „Miete 1.000 + NK + Courtage" kein hinreichend deutliches Provisionsverlangen, weil sowohl der Vermieter als auch der Mieter Vertragspartner für die Courtagezahlung sein könnte (LG Dortmund NZM 2003, 163).

Das angebliche Netzwerk oder der riesige Suchkundenpool des Maklers

Oft erzählen Ihnen Makler von großen bundes- oder europaweiten Netzwerken, die eine schnelle Vermarktung Ihrer Immobilie ermöglichen, weil eine weiträumige Bewerbung und Präsentation Ihrer Immobilie erfolgen kann. Aber bedenken Sie: Wer aus Hamburg will schon Ihre Immobilie in Oberschwaben oder umgekehrt? Von daher: Macht dieses Argument Sinn?

Ein paar wertvolle Tipps!

Wie bewerben Sie Ihre Immobilie selbst?

In Amerika ist es das gängigste Medium überhaupt – bei uns noch eher selten –, es ist aber das wirkungsvollste Bewerbungsmittel: ein Banner, das Sie an Ihrer Wohnung/Ihrem Haus anbringen. Ein Banner ist ein großflächiger Druck auf einem wetterfesten Material, der für Werbung genutzt wird. Lassen Sie unbedingt ein hochwertiges Banner mindestens in der Größe 1 m x 1,5 m herstellen, das Sie wie folgt bedrucken lassen:

Zu verkaufen/Zu vermieten
Preis
Ihre extra dafür erstellte Internetadresse

Sie werden überrascht sein, wie viele Anfragen Sie erhalten, und indem Sie keine Telefonnummer angegeben haben, können Sie diese in Ruhe dann sichten, wann Sie Zeit und Lust dazu haben. Außerdem gewinnen Sie beim Durchlesen der Anfragen ein erstes Gefühl für die Seriosität des Absenders. Hier gilt die einfache Regel: Je mehr er von sich preisgibt, umso interessierter ist er. Und: Sie können auch Makleranfragen einfach aussortieren.

Selbstverständlich funktioniert das Banner nicht, wenn Sie im wahrsten Sinne des Wortes dort wohnen, wo sich Fuchs und Hase Gute Nacht sagen. Hier empfehle ich stattdessen eine Annonce im Immobilienteil der regionalen Tageszeitung oder in den Gemeindemitteilungen:

Haus/Wohnung zu verkaufen/zu vermieten
Lage
Größe der Wohnfläche und Zimmerzahl
Größe des Grundstücks
Preis
Ihre extra dafür erstellte Internetadresse

Indem Sie die Lage der Immobilie benennen, geben Sie dem Interessenten die Chance, sich schon einmal ein Bild vor Ort zu machen.

Wie suchen Sie selbst eine Immobilie?

Wenn Sie mieten oder kaufen wollen, empfehle ich eine Annonce im Immobilienteil der regionalen Presse:

Suche Einfamilienhaus in A-Stadt, Ortsteil B
mindestens 3 Zimmer und 100 m²
mindestens 500 m² Grundstück
und 1 Garage
in ruhiger Lage
bis maximal 250.000 EUR
zu kaufen
Ihre extra dafür erstellte Internetadresse

Familie mit einem 8-jährigen Kind
sucht 3-4-Zimmer-Wohnung
in A-Stadt, Ortsteil B
mit 1 Garage
ab 01.12.2012 langfristig
zu mieten
bis maximal 900 EUR/Monat Kaltmiete
Ihre extra dafür erstellte Internetadresse

Wichtig ist in beiden Fällen, dass Sie sehr konkret beschreiben, was Sie wollen, damit ein möglicher Anbieter sich in Ihrer Annonce wiederfindet. Sie können auch benennen, was Sie auf keinen Fall wollen: kein Altbau, kein Erdgeschoss etc.

NEIN! So zeigen Sie Ihre Immobilie niemandem!

Präsentieren Sie Ihre Immobilie bei einer Besichtigung nur von der besten Seite!

Stellen Sie sich einfach vor, der Bundespräsident kommt das erste Mal zu Besuch und Sie wollen einen guten Eindruck machen:

1. Sorgen Sie in allen Räumen (auch Keller und Dachboden) für gründliche Ordnung und räumen Sie den Garten (Hecken schneiden, Totholz entfernen, Rasen mähen) auf.

2. Schaffen Sie optimale Lichtverhältnisse – probieren Sie einfach aus, wie Ihre Räume am besten wirken.

3. Lüften Sie gründlich – nichts ist störender als Gerüche.

4. Vermeiden Sie eine Geräuschkulisse: Fernseher und Radio sind aus – wenn Sie an einer Straße oder Bahnlinie wohnen, schließen Sie die Fenster.

5. Putzen Sie die Fenster und Böden.

6. Bessern Sie Anstriche an den Wänden und der Decke aus.

7. Sorgen Sie für ein angenehmes Raumklima – ca. 21 Grad. Vermeiden Sie unbedingt Zugluft ebenso wie überheizte Räume.

8. Entfernen Sie alles Überflüssige (keine Getränkekisten und Schuhe offen im Flur, keine alten Zeitungen in der Garage, Wäsche abhängen).

9. Bringen Sie Kinder und Haustiere nach Möglichkeit zu Freunden.

10. Lassen Sie keine Wertsachen offen herumliegen.

11. Steht Ihr Auto in der Garage, waschen Sie dieses vorher.

12. Präsentieren Sie auch sich optimal – Freizeitkleidung ist tabu.

Gehen Sie vor jeder Besichtigung mit einem Freund oder Nachbarn durch die Wohnung, der ein kritisches Auge hat.

Und noch fünf sehr nützliche, aber nicht ganz seriöse Maklertricks

1. Dunkle Wohnungen und Häuser besichtigen Sie besser an trüben Tagen – bei vollem Sonnenschein fallen die unzureichenden Lichtverhältnisse besonders stark auf. Schalten Sie bei der Besichtigung außerdem alle Lichter im Haus/in der Wohnung ein.

2. Kaffeepulver überlagert schlechte Gerüche.

3. Auch wenn es nur einen echten Interessenten gibt: Sorgen Sie für Wettbewerb, indem Sie sich von einem oder besser mehreren scheinbaren weiteren Interessenten anrufen lassen, solange Sie mit Ihrem Kunden besichtigen. Konkurrenz beschleunigt Entscheidungen! Dabei ist es gar nicht nötig, dass Sie Ihrem Kunden sagen, dass sich gerade ein anderer Interessent gemeldet hat. Er wird es aus dem mitgehörten Telefonat selber geschlossen haben. Entschuldigen Sie sich einfach für die Störung! Scheinbare Kunden nennen Makler „Weiße Reiter".

4. Dachgeschosswohnungen neigen zu extrem hohen Raumtemperaturen im Hochsommer. Besichtigen und verkaufen/vermieten Sie besser im Winterhalbjahr.

5. Zugige Wohnungen besichtigen Sie dagegen besser im Sommer.

Wie besichtigen Sie die Immobilie mit einem Interessenten?

Begrüßen Sie den Interessenten freundlich und per Handschlag. Beginnen und beenden Sie die Besichtigung immer im schönsten Raum. Reden Sie nur, wenn Sie gefragt werden – jeder sieht: das ist das Bad –, und vermeiden Sie Phrasen wie „Finde ich besonders schön; haben wir selbst gemacht, hat viel Geld gekostet etc." Lassen Sie sich den Interessenten sein eigenes Bild machen – und beantworten Sie seine Fragen genau und vor allem richtig. Besser ist es, Sie sagen: „Weiß ich im Moment nicht, kläre ich aber gern und gebe Ihnen dann Bescheid", als dass Sie lügen oder drum herumreden. Damit verlieren Sie den Interessenten. Halten Sie für den Interessenten einen Grundriss (Kopie) im Maßstab 1:100 bereit. Bieten Sie von sich aus an, dass er/sie gern noch einmal in aller Ruhe alleine durch die Räume gehen kann.

Wichtig: Sorgen Sie für einen verbindlichen Abschluss!

„Melden Sie sich bitte bis Ende der Woche", „Sie geben mir Morgenabend Bescheid?" – Stimmen Sie unbedingt Ihre Kontaktdaten ab und sorgen Sie dafür, dass Sie auch erreichbar sind. Verstreicht diese Frist, will der Interessent Ihre Immobilie nicht. Telefonieren Sie nicht hinterher – das wirkt aufdringlich.

Die richtige Reaktion auf Versuche, den Preis zu drücken

Fast jeder versucht zu handeln. Da Sie den Preis nach der Checkliste ermittelt haben und auch Vergleichsobjekte benennen können, haben Sie gute Argumente, bei Ihrem Preis zu bleiben.

Macht der Interessent Ihnen einen Preis, der deutlich (mehr als 5 %) nach unten von Ihren Vorstellungen abweicht, haben Sie 3 Handlungsstrategien:

1. Fragen Sie ihn nach seinen Gründen und bitten Sie ihn, konkret zu werden. Da Sie nach Checkliste einen realistischen Preis angesetzt haben, können Sie sicher argumentieren.

2. Überhören Sie die „Preisfrage" höflich bzw. lächeln Sie. Oft genug wird das Ansinnen nicht wiederholt.

3. Bieten Sie an, bestimmte Handwerkerleistungen, die der neue Interessent angibt, ausführen zu lassen, zu übernehmen.

Die finale Abwicklung: Der Interessent will Ihre Immobilie tatsächlich kaufen!

Jetzt gilt es noch fünf Hürden zu nehmen.

1. Fixieren Sie die Eckpunkte des Vertrags kurz schriftlich, und unterzeichnen Sie beide eine Fassung dieser Vereinbarung. Das kann entweder bereits vorbereitet sein oder handschriftlich in zweifacher Fassung erstellt werden. Darin sind festgehalten: die vollständigen Kontaktdaten mit Geburtsdatum der Vertragsparteien (diese Angaben brauchen Sie bei Kauf/Verkauf für den Notar), der vereinbarte Preis, das angestrebte Kaufdatum, der Zeitpunkt des Besitzübergangs, ggf. vom Eigentümer bzw. Vermieter noch durchzuführende Reparaturen etc.

2. Lassen Sie sich zunächst eine Finanzierungsbestätigung über den gesamten Kaufpreis vorlegen – am besten mit Bankbürgschaft. Damit haben Sie die Sicherheit, dass der Interessent nicht nur will, sondern auch kann.
3. Lassen Sie von einem Notar einen Kaufvertrag vorbereiten. Wichtige Punkte sind dabei der Zeitpunkt des Besitzübergangs – das ist der Zeitpunkt, zu dem Nutzen (Miete, der Einzug in das neue Heim etc.) und Lasten (Hausgeld, Grundsteuer, Verkehrssicherung etc.) sowie das Risiko des Untergangs (Brand, Erdbeben etc.) der Immobilie auf den neuen Eigentümer übergehen – und der Zeitpunkt der Kaufpreisfälligkeit. Diese beiden Daten können differieren. Für den Besitzübergang wählt man aus Praktikabilitätsgründen, z. B. wegen der Versicherungen und Hausgeldabrechnungen, in aller Regel den Monatsletzten um 24.00 Uhr), während die Kaufpreiszahlung davor oder danach erfolgen kann. Das ist – bei Zahlung nach Besitzübergang – auch Bestandteil der Verhandlungen. Ich rate aber davon ab, eine Zeitspanne von mehr als 1 – 2 Monaten zu vereinbaren.
4. Beurkundung des Kaufvertrags beim Notar: Der Notar prüft durch Einsicht in den Reisepass oder Ausweis die Identität der beurkundenden Parteien und verliest den kompletten Kaufvertrag. Scheuen Sie sich nicht nachzufragen, wenn Sie etwas nicht verstanden haben. Gibt es – bei Wohnungseigentum – eine Teilungserklärung, lassen Sie diese ebenfalls als Anlage zum Vertrag nehmen. Nach Leisten der Unterschriften von Käufer/Verkäufer und vom Notar ist der Kauf rechtsgültig.

5. Die Übergabe erfolgt zum Zeitpunkt des notariell vereinbarten Besitzübergangs. Erstellen Sie ein Protokoll, in dem Sie alle Zählerstände notieren und sich insbesondere die Übergabe aller Schlüssel und Mietvertragsunterlagen (mit Kaution) bestätigen lassen. Beide Vertragsparteien erhalten davon eine Kopie.

Sie sind am Ziel!

Auswege aus bereits geschlossenen Maklerverträgen und Tricks, wie Sie die Courtage sparen können

Sie haben bereits einen Vertrag mit einem Makler abgeschlossen und möchten diesen vorzeitig beenden?

1. Verlust des Vertrauens – d. h. Sie teilen dem Makler mit, dass Sie kein Vertrauen in sein Handeln mehr haben und den Vertrag mit ihm deshalb sofort auflösen werden.
2. Sie erklären, dass Sie am Verkauf bzw. der Vermietung nicht mehr interessiert sind.

Unter welchen Voraussetzungen kann die Courtage für den Makler entfallen?

1. Der vereinbarte Verkaufspreis weicht um mehr als 10 % vom Exposépreis ab, und Sie haben dem nicht ausdrücklich schriftlich zugestimmt, oder die Kaltmie-

te des Hauptvertrages übersteigt die im Maklervertrag veranschlagte Kaltmiete um 33 % oder mehr (LG Köln WM 91,114).
2. Sie schließen – z. B. für sechs Monate – mit dem Verkäufer zunächst einen Mietvertrag statt eines Kaufvertrags ab. Der Kaufvertrag gilt dann als neue Vereinbarung. Oder: Nicht Sie kaufen, sondern Ihr Freund. Ehegatten, Eltern oder Kinder gelten nicht – hier wird Identität unterstellt. Der Makler schuldet nämlich nicht die Herbeiführung irgendeines Vertrages, sondern eines bestimmten Vertrages (BGH NJW 1995, 3311). Weicht daher der nach dem Maklervertrag gewollte von dem später tatsächlich abgeschlossenen Vertrag ab, führt dies zum Provisionsverlust. Der Vertrag muss mit dem nachgewiesenen bzw. vermittelten Vertragspartner zustande gekommen sein und auch dem vereinbarten Vertragstyp entsprechen. Es muss wirtschaftliche oder persönliche Identität zwischen dem gewollten und dem abgeschlossenen Vertrag bestehen.
3. Verkäufer und Käufer bzw. Vermieter und Mieter erklären einvernehmlich, dass der Vertrag nicht durch die Vermittlung eines Maklers zustande gekommen ist. Dafür dürfen Sie allerdings auch keine Besichtigungsbestätigung unterschrieben haben.
4. Die zeitliche Nähe zwischen Nachweis des Maklers und Vertragsabschluss fehlt, und der Zusammenhang bzw. die Kausalität ist damit nicht gegeben. Liegt zwischen dem Nachweis des Maklers und Vertragsabschluss ein Zeitraum von einem Jahr, dürfte in der Regel die notwendige Nähe fehlen. Bei einem Zeitraum von vier Monaten bzw. drei Monaten hingegen

kann der zeitliche Zusammenhang noch gewahrt sein (OLG Hamburg MDR 2001, 24; BGH NJW 1999, 1257; OLG Hamm NZM 1998, 271).

Abschlussbemerkungen

Egal ob Sie nun kaufen oder verkaufen, mieten oder vermieten wollen, bleiben Sie immer kritisch! Und versuchen Sie, wieder auf Distanz zu der Immobilie zu gehen! Eine zu große (Objekt-)Verliebtheit macht wie jede Liebe blind, blind für die Mängel und Risiken der Immobilie. Erstellen Sie vor Ihrer Suche eine Liste mit den sechs wichtigsten Eigenschaften (z. B. Lage, Größe, Zimmerzahl, Garage, Bad mit Fenster), die Ihre neue Immobilie haben soll. Von dieser Liste sollten Sie nur abweichen, wenn Sie feststellen, dass Ihre Kriterien am Markt überhaupt nicht funktionieren. Überlegen Sie auch, ob die Immobilie in ein paar Jahren noch zu Ihnen passt.

Beobachten Sie den Markt gründlich, und sehen Sie sich andere Gebäude in der von Ihnen erwünschten Preiskategorie und Lage an.

- Worin unterscheiden sich diese?
- Was ist besser, was ist schlechter?

Ziehen Sie unbedingt Berater hinzu: Bitten Sie dazu Freunde oder Bekannte um ihre ehrliche Meinung!

Bleiben Sie bei der Entscheidung für eine Immobilie kompromisslos!

Und zwei wichtige Ratschläge zum Schluss

1. Unbedingt ein Baugutachten erstellen lassen! Wenn Sie eine Immobilie kaufen wollen, lassen Sie unbedingt ein Baugutachten erstellen. Das kostet zwar Geld (ca. 1.500 EUR), aber in Relation zum Kaufpreis und der Dauer Ihres finanziellen Engagements ist das ein eher kleiner Betrag. Und: Sie gewinnen Sicherheit über den wahren Zustand Ihrer Traumimmobilie.

2. Sich viel Zeit nehmen! Lassen Sie sich Zeit; vorschnelle Entscheidungen sind schwer und oft nur mit viel Geld zu berichtigen.

Liebe Leser!

Im Anhang finden Sie nun noch vier nützliche Checklisten, die Sie bei der Suche nach Ihrem Traumdomizil oder der Vermarktung Ihrer Immobilie unterstützen werden. Gehen Sie diese bitte gründlich durch.

Ich hoffe, Sie hatten bisher viel Freude bei der Lektüre. Bei all Ihren Immobilienangelegenheiten wünsche ich Ihnen nun viel Erfolg und immer auch das notwendige Quäntchen Glück!

Haben Sie noch Fragen, können mich jederzeit gern kontaktieren unter:

Thomas-Weisse@gmx.net

Sehr gerne berate ich Sie!

Ihr Thomas Peter Weiße

Checkliste 1: „Kaufen oder Mieten" – Die Eigenschaften der Immobilie

Was kann ich mir langfristig, auch bei veränderten Lebensumständen, leisten?
Wichtig: Stimmen Sie die Finanzierung bei einem geplanten Kauf im Vorfeld mit Ihrer Bank ab. Es gilt die einfache Regel: Je weniger Eigenkapital Sie haben, umso höher ist der Zinssatz! Vergessen Sie die Erwerbsnebenkosten und die laufenden Kosten nicht. Besorgen Sie sich eine Finanzierungsbestätigung bei der Bank.

Wo soll die Immobilie liegen?
Wichtig: Denken Sie an die Nähe zu Schulen, Ihrem Arbeitsplatz etc. und den langfristigen Zeit- und Geldaufwand, der mit einer zu abseitigen Lage verbunden ist.

Wie viele Zimmer brauche ich?

Wie groß müssen die Zimmer mindestens sein?

Sollen Bad und WC getrennt sein?

Soll eine Einbauküche vorhanden sein?

Brauche ich einen Kellerraum?

Brauche ich eine Garage?

Benötige ich einen Stellplatz?

Will ich einen Garten/einen Balkon/eine Terrasse?

Welche Infrastruktur brauche ich? Ist Barrierefreiheit heute oder in Zukunft wichtig?
Zum Beispiel: Bus, Schule, Kindergarten, Supermarkt

Wie soll die Ausrichtung der Immobilie sein?
Wichtig: Besichtigen Sie zu verschiedenen Tageszeiten, um den Sonneneinfall bewerten zu können!

In welcher Höhe sind Sie bereit, in Instandhaltungen bzw. Renovierungen zu investieren?

Welche fünf Eigenschaften soll meine Immobilie unbedingt haben?
1. ...
2. ...
3. ...
4. ...
5. ...

Welche fünf Eigenschaften darf die Immobilie auf keinen Fall haben?
1. ...
2. ...
3. ...
4. ...
5. ...

Bleiben Sie bei Ihren Vorstellungen! Gehen Sie keine Kompromisse ein!

Checkliste 2: „Verkauf" oder „Kauf" – Welche Unterlagen brauchen Sie?

Für alle Immobilien:

- ein aktueller Grundbuchauszug (Grundbuchamt)

- der damalige Kaufvertrag (mit Teilungserklärung bei Wohneigentum in Mehrfamilienhäusern, um die Zuordnung von Sonder- und Gemeinschaftseigentum zu erkennen)

- die Baupläne, Baubeschreibung und Baugenehmigung für die Immobilie
Wichtig: Damit haben Sie gleichzeitig die Sicherheit, dass alle Um- und Anbauten auch genehmigt sind!

- die DIN-Wohnungs- und Nutzfläche

- aktuelle Grundrisse für alle Stockwerke

- Instandhaltungs-, Wartungs- und Renovierungsnachweise (Rechnungen!)
Was wurde wann gemacht?

- Übersicht zu angebotenen ähnlichen Immobilien (Zeitungsinserate etc.), die Ihrer Immobilie entsprechen

- einen Auszug aus dem Bebauungsplan vom Bauamt, um zu sehen, ob noch Erweiterungen des Gebäudes möglich sind (Wertsteigerung!) oder besondere Auflagen zu beachten sind

- ein aktueller Energieausweis: Dieser Energieausweis macht den Energiebedarf von Häusern und Wohnungen „sichtbar", soll ein Gütesiegel für die energetische Qualität von Gebäuden sein und damit mehr Transparenz und Vergleichbarkeit auf dem Immobilienmarkt herstellen. Es gibt verbrauchs- und bedarfsorientierte Energieausweise – aussagekräftiger ist in jedem Fall der *bedarfsorientierte*, da dieser vom individuellen Verbrauchsverhalten des Nutzers unabhängig ist.

Nur bei Eigentumswohnungen:

- Wirtschaftspläne und Hausgeldabrechnungen mindestens der letzten drei Jahre

- Protokolle der letzten Eigentümerversammlungen

- Übersicht über die Rücklagen der Hausgemeinschaft und aktuelle Beschlüsse der Eigentümergemeinschaft zu Instandhaltungen und Reparaturen

Checkliste 3: „Verkauf" – Das müssen Sie als Verkäufer bedenken!

Welchen Preis will ich unbedingt erzielen?

Bis wann will ich spätestens verkaufen?

Die fünf besten Verkaufsargumente für die Immobilie
1. ...
2. ...
3. ...
4. ...
5. ...

Ihre gute Antwort auf die Frage „Warum verkaufen Sie?"

Welche Kritik an der Immobilie kann es geben, und wie begegne ich dieser?

Wo bin ich verhandlungsbereit?
1. ...
2. ...
3. ...

Wo bin ich keinesfalls verhandlungsbereit?

Lassen Sie sich vom Interessenten unbedingt eine Finanzierungsbestätigung vorlegen! Liegt diese vor, wissen Sie, dass er nicht nur will, sondern auch kann!

Checkliste 4: „Das müssen Sie als Verkäufer wissen und als Käufer fragen"

Das Baujahr der Immobilie

Wichtige durchgeführte Reparaturen und wann wurden die Arbeiten ausgeführt?

Alter und Bauart der Fenster

Alter und Baujahr der Heizung und ggf. Tanks

Alter der Wasserleitungen und Heizungsrohre

Art der Wasserleitungen und Heizungsrohre (Kupfer, Edelstahl etc.)

Art der Isolierung

Alter und Ausführung des Dachs

Bauweise des Kellers

Liebe Leser!

Wir würden uns sehr freuen, wenn Sie unser Buch bewerten würden – Ihren Erfahrungsbericht können Sie z. B. auf der Seite www.wagner-verlag.de/bewerten veröffentlichen. Jedes Jahr verlosen wir unter den veröffentlichten Berichten zehn Gutscheine im Wert von je 50,- EURo – denn wir wollen Ihre Bemühungen belohnen.

Viele Grüße, Ihr Verlags-Team aus Gelnhausen